BEI GRIN MACHT SICH IHR WISSEN BEZAHLT

AF140352

- Wir veröffentlichen Ihre Hausarbeit,
  Bachelor- und Masterarbeit

- Ihr eigenes eBook und Buch -
  weltweit in allen wichtigen Shops

- Verdienen Sie an jedem Verkauf

Jetzt bei www.GRIN.com hochladen und kostenlos publizieren

Bibliografische Information der Deutschen Nationalbibliothek:

Die Deutsche Bibliothek verzeichnet diese Publikation in der Deutschen National-
bibliografie; detaillierte bibliografische Daten sind im Internet über http://dnb.d-
nb.de/ abrufbar.

Impressum:

Copyright © 2018 GRIN Verlag
Druck und Bindung: Books on Demand GmbH, Norderstedt Germany
ISBN: 9783668835405

Dieses Buch bei GRIN:

https://www.grin.com/document/450015

Wolfgang Piersig

250. Jahrestag von Watt's Dampfmaschinenpatent

GRIN Verlag

GRIN - Your knowledge has value

Der GRIN Verlag publiziert seit 1998 wissenschaftliche Arbeiten von Studenten, Hochschullehrern und anderen Akademikern als eBook und gedrucktes Buch. Die Verlagswebsite www.grin.com ist die ideale Plattform zur Veröffentlichung von Hausarbeiten, Abschlussarbeiten, wissenschaftlichen Aufsätzen, Dissertationen und Fachbüchern.

Besuchen Sie uns im Internet:

http://www.grin.com/

http://www.facebook.com/grincom

http://www.twitter.com/grin_com

250. Jahrestag

von

Watt's Dampfmaschinenpatent.

.

Wolfgang Piersig

Inhaltsverzeichnis.

Seite

▪ Einleitung.   2

▪ James Watt (30. Januar 1736–25. August 1819) und sein Patent N° 913.   3

▪ Tribut für James Watt auf dem Gedenkstein in der Westminster Abtei.
James Watt memorial stone.   4

▪ Watt's Method of Lessening the Consumption of Steam & Fuel in Fire Engines.
A.D. 1769 N° 913. Steam Engines, &c. Watt's Specification.   5

▪ Übersetzung von James Watts berühmten ersten Dampfmaschinenpatent.
Patenteinreichung im Jahre 1768. Patenterteilung am 5. Januar 1769.
Watts Methode zur Verringerung des Verbrauchs von Dampf und Brennstoff
in Feuermaschinen.
A.D. 1769 .... N° 913. Dampfmaschinen, & c. Watt's Spezifikation.   7

▪ Zeittafel zur Luft-, Wasser- und Dampfnutzung von um die Zeitenwende bis etwa 1900.   10

▪ Ausgewählte Bilder zu den Voraussetzungen und erste Versuche für Feuermaschinen von
Giambattista Della Porta (um 1600), Denis Papin (1690), Thomas Savery (1698),
Denis Papin (1706), Thomas Newcomen (1712), James Watt (1769).   13

▪ Ausgewählte Funktionsskizzen zu James Watts Dampfmaschinen.   15

    • Watts einfachwirkende Dampfmaschine von 1776 und ab etwa 1780.   15

    • Watts doppeltwirkende Dampfmaschine mit Drehbewegung (1784).   15

▪ Auswahl der recherchierten Literatur.   16

▪ Die wichtigsten verwendeten Abkürzungen.   16

▪ Die Veröffentlichungen des Autors im GRIN Verlag.   17

▪ Abstract.   19

Einleitung.

Mit der Veröffentlichung zum Thema „250. Jahrestag von Watt's Dampfmaschinenpatent" möchte der Autor an die Entwicklung der Dampfmachine, besonders an die Pionierleistungen des Schotten James Watt (1736-1819) zur Erfindung und Patentierung seiner einfach wirkenden Dampfmaschine (1769) wie auch Watts doppelt wirkenden Dampfmaschine, (1784) erinnern. Aus einer erarbeiteten Zeittafel zur Luft-, Wasser- und Dampfnutzung von um die Zeitenwende bis etwa 1900 und Bildern zu ersten Feuermaschinen von Giambattista Della Porta (um 1600), Denis Papin (1690), Thomas Savery (1698), Denis Papin (1706),Thomas Newcomen (1712), James Watt (1769), nebst Funktionsskizzen zu Watts Maschinen, soll die Sicht auf das von Watt Geleistete erweitert werden. Erkennbar gemacht wird außerdem auch, dass die aufgezeigten Dampfmaschinen des 17./18. Jhs. eine nur mäßige Arbeit, leisteten, zweitens, dass sie nicht nur kompliziert, sondern auch wenig energieeffizient waren und Dampf lohnend nutzbar zu machen, erst James Watt mit seinen Dampfmaschinen schaffte, weshalb er als der eigentliche Erfinder dieser Maschinen benannt ist. Sichtbar macht die Zeitachse auch, dass es nicht korrekt wäre zu behaupten, Watt habe die Dampfmaschine entwickelt, was zuvor Denis Papin rund 80 Jahre vor ihm bereits tat. Aus ihr geht dazu hervor, dass der schottische Erfinder James Watt mit seinen verschiedenen Verbesserungen dafür sorgte, dass die Dampfmaschine mitentscheidende Triebkraft der industriellen Revolution wurde, und Watts wohl wichtigste Idee der separate Kondensator war, in dem der erhitzte Wasserdampf kondensieren konnte. Vermittelt wird ebenso, dass Watt mit seiner Erfindung den Wirkungsgrad der Dampfmaschine von 0,5 auf 3,0 % versechsfachte, damals war dies ein Quantensprung.

Watt-Dampfmaschine.

Quelle: Kraemer H. (1984): Welt der Technik im XIX. Jahrhundert. Klassiker der Technik. S. 216. D: VDI-Verlag.

James Watt (30. Januar 1736–25. August 1819) und sein Patent N° 913.

Watts Patent, das er am 5. Januar 1769 unter der Nummer 913, also genau vor 250 Jahren, einreichte, gilt als eine der wichtigsten Urkunden der Technikgeschichte sowie bedeutendsten Dokumente für die Auslösung der ersten industriellen Revolution, die in der zweiten Hälfte des 18. Jahrhunderts begann. Dies sind belangvolle Gründe, folgend James Watts Patent in seinem Wortlaut sowie in der deutschen Übersetzung im Folgenden zur Kenntnis zu bringen. Die IR war neben Watts Patent auch durch bedeutende Neuerungen gekennzeichnet, wie

- 1764: James Hargreaves (1721-1778) baut Spinnstuhl zur Spinnmaschine „Spinning Jenny" um,
- 1769: Richard Arkwright (1732-1792) fertigt Wasserdampf betriebenen Spinnstuhl an,
- 1785: Edmund Cartwright (1743-1823) fertigt den ersten mechanischen Webstuhl.

Für seine exzellenten Leistungen wurde James Watt mehrfach geehrt unter anderem mit:

- der Wahl zum Mitglied der Royal Society - 1785.
- der Wahl zum Mitglied der Royal Society of Edinburgh - 1785.
- der Wahl zum Mitglied der Batavian Society for Experimental Philosophy von Rotterdam -1787.
- der Aufnahme in die Smeatonian Society of Civil Engineers - 1789.
- der Verleihung der Ehrendoktorwürde durch die Universität Glasgow - 1806.
- Wahl zum korresp. Mitglied der French Academy of Scienes, Ernennung zum ausl. Assoziierten - 1814.
- der Errichtung einer Statue (Westminster Abbey) 1819 von Sir Francis Leggatt Chantrey (1781-1841), James Watt memorial stone with the epitaph of Lord Brougham Henry Peter Brougham (1778-1868), siehe Seite 4.
- mit der Maßeinheit Watt vom 2. Kongress der British Association for the Advancement of Science 1889, der Watteinheit W nach James Watt benannt, 1/746 einer PS oder 1 V mal einem A die entspricht.
- der James-Watt-Medaille, der weltweit renommierteste Auszeichnung des Maschinenbaus.
- der Benennung eines Mondkraters Watt - 1935 sowie eines Asteroids (5961) - 2014.
- der Benennung der SI-Einheit der Leistung in Watt und Ersatz des von ihm eingeführten PS - 1960.
- der Watteinheit W nach James Watt benannt, 1/746 einer PS oder 1 V mal einem A die entspricht.
- einer 50 Pfund Note in Großbritannien - 2009.
- seinem Porträt auf einer kubanischen Briefmarke.

Die Erhebung in den Adelsstand kurz vor seinem Tode lehnte James Watt allerdings ab.

Tribut für James Watt auf dem Gedenkstein in der Westminster Abtei.

James Watt memorial stone.

The epitaph by Lord Brougham Henry Peter Brougham, 1st Baron Brougham and Vaux (1778-1868).

„Not to perpetuate a name

which must endure while the peaceful arts flourish.

But to shew

that mankind have learned to know those

who best deserve their gratitude

The King,

His Ministers, and many of the Nobles

and Commoners of the Realm.

Raised this monument to

JAMES WATT

Who, directing the force of an original Genius,

early exercised in philosophic research,

to the improvement of

The Steam Engine,

Enlarged the resources of his Country,

Increased the power of Man,

And rose to an eminent place

among the most illustrious followers of science

and the real benefactors of the World.

Born at Greenock MDCCXXXVI.

Died at Heathfield in Staffordshire MDCCCXIX."

• James Watt. https://www.westminster-abbey.org/abbey-commemorations/commemorations/james-watt/.

"Einen Namen nicht aufrecht zu erhalten, der Bestand haben muss, während die friedlichen Künste gedeihen, sondern zu zeigen, dass die Menschheit diejenigen kennen gelernt hat, die ihre Dankbarkeit am meisten verdienen. Der König, seine Minister und viele der Adligen und Bürger des Reiches haben dieses Denkmal errichtet JAMES WATT, der die Kraft eines ursprünglichen Genius, früh in der philosophischen Forschung ausgeübt, zur Verbesserung der Dampfmaschine, vergrößerte die Ressourcen seines Landes, erhöhte die Macht des Menschen, und stieg zu einem eminenten Platz unter den berühmtesten Anhänger der Wissenschaft und der wirklichen Wohltäter der Welt. Geboren bei Greenock MDCCXXXVI. Verstorben in Heathfield in Staffordshire MDCCCXIX."

Watt's Method of Lessening the Consumption of Steam & Fuel in Fire Engines.

A.D. 1769 N° 913. Steam Engines, &c. Watt's Specification.

To all to whom These Presents Shall; come, I, James Watt, of Glasgow, in Scotland, Merchant, send greeting. Whereas His most Excellent Majesty King George the Third, by His Letters Patent under The Great Seal of Great Britain, bearing date the Fifth day of January, in the ninth year of His said Majesty's reign, did give and grant unto me, the said Janles Watt, His special licence, full power, sole priviledge and authority, that I, the said James Watt, my exors, admors, and assigns, should and lawfully might, during the term of years therein expressed, use, exercise, and vend, throughout that part of His Majesty's Kingdom of Great Britain called England, the Dominion of Wales, and Town of Berwick upon Tweed, and also in His Majesty's Colonies and Plantations abroad, my „New Invexted Method of Lessening the Consumption of Steam and Fuel in Fire Engines; „in which said recited Letters Patent is contained a proviso obliging me, the said James Watt, by writing under my band and seal, to cause a particdar description of the nature of the said Invention to be inrolled in His Majesties High Court of Chancery within four caIendar months after the date of the said recited Letters Patent, as in and by the said Letters Patent, and the Statute in that behalf made, relation being thereunto respectively had, may more at large appear.
Now Know Ye, that in compliance with the said proviso, and in pursuance of the said Statute, I, the said James Watt, do hereby declare that the fullowing is a particular description of the nature of my said Invention, and of the manner in which the same is to be performed (that is to say):-
My Method of Lessening the consumption of steam, and consequently fuel, in fire engines consists of the following principles :-
First, that vessell in which the powers of steam are to be employed to work the engine, which is called the Cylinder in common fire engines, and which I call the Steam Vessell, must during, the whole time the engine is at work, be kept as hot as the steam that enters it ; first, by enclosing it in a case of wood, or any other materials that transmit heat slowly ; secondly, by surrounding it with steam or other heated bodies ; and, thirdly, by suffering neither water nor any other substance colder than the steam to enter or touch it during that time.
Secondly, in Engines that are to be worked wholly or partially by condensation of steam, the steam is to be condensed in vessells distinct from the steam vessells or cylinders, although occassionally communicating with them: these vessells I call Condensers ; and, whilst the engines are working, these condensers ought at least to be kept as cold as the air in the neighbourhood of the engines, by application of water, or other cold bodies.
Thirdly, whatever air, or other elastic vapour, is not condellsed by the cold of the condenser, and may impede the working of the engine, is to be drawn out of the steam vessels or condensers by means of pumps, wrought by the engines themselves, or otherwise.
Fourthly, I intend in many cases to employ the expansive force of steam to press on the pistons, or whatever may be used instead of them, in the same manner as the pressure of the atmosphere is now employed in common fire engines ; in cases where cold water cannot be had in plenty, the engines may bc wrought by this force of steam only, by discharging the steam into the open air aftcr it has done its office.

Fifthly, where motions round an axis are required, I make the steam vessells in form of hollow rings or circular channels, with proper inletts and outletts for the steam, mounted on horizontal axles like the wheels of a water mill ; within them are placed a number of valves that suffer any body to go round the channell in one direction only. In these steam vessells are placed weights, so fitted to them as intirely to fill up a part or portion of their channels, yet rendered capable of moving freely in them by the means herein-after mentioned or specified. When the steam is admitted in these engines between these weights and the valves, it acts equally on both, so as to raise the weight to one side of the wheel, and by the reaction on the valves successively to give a circular motion to the wheel, the valves opening in the direction in which the weights are pressed, but not in the contrary. As the steam vessel moves round it is supplied with steam from the boiler, and that which has performed its office may either be discharged by means of condensers, or into the open air.

Sixthly, I intend in some cases to apply a degree of cold not capable reducing the steam to water, but of contracting it considerably, so that the engines shall be worked by the alternate expansion and constraction of the steam.

Lastly, instead of using water to render the piston or other parts of the engines air and steam tight, I employ oils, wax, rosinous bodies, fat of animals, quicksilver and other metalls, in their fluid state.

In witness whereof, I have hereunto set my hand and seal, this Twentyfifth day of April, in the year of our Lord One thousand seven hundred and sixty-nine.

James Watt. (L.S.)

Sealed and delivered in the presence of
Coll, Wilkie. Geo. Jardine, John Roebuck.

Be it remembered, that the said James Watt doth not intend that any thing in the fourth article shall be understood to extend to any engine where the water to be raised enters the steam vessell itself, or any vessell having an open communication with it.

James Watt (L.S.)

Witnesses,
Coll. Wilkie, Geo. Jardine.

AND BE IT REMEMBERED, that on the Twenty-fifth day of April, in the year of our Lord 1769, the aforesaid James Watt came before our said Lord the King in His Chancery, and acknowledged the Specification aforesaid, and all and every thing therein contained and specified, in form above written. And also the Specification aforesaid was stampt according to the tenor of the Statute made in the sixth year of the reign of the late King and Queen William and Mary of England, and so forth.

Inrolled the Twenty-ninth day of April, in the year of our Lord One thousand seven hundred and sixty-nine.

London:
Printed by George Edward Eyre and William Spottiswoode,
Printers to the Queen's most Excellent Majesty. 1855.

Übersetzung von James Watts berühmten ersten Dampfmaschinenpatent.
Patenteinreichung im Jahre 1768. Patenterteilung am 5. Januar 1769.

Watts Methode zur Verringerung des Verbrauchs von Dampf und Brennstoff in
Feuermaschinen.

A. D. 1769 .... N° 913. Dampfmaschinen, & c. Watt's Spezifikation.

Allen denjenigen, welche dieses Schriftstück zu Gesicht gelangt, sende ich, James Watt, aus
Glasgow, in Schottland, Kaufmann, meinen Gruß.

Sintemal Seine Allerhöchste Majestät, König Georg der Dritte, durch seinen Patentbrief unter
unter beigedrucktem Großsiegel von Großbritannien vom 5. Januar des neunten
Regierungsjahres Seiner Majestät mir, dem genannten James Watt, seine besondere Erlaubnis,
Vollmacht, Privilegium und Befugnis gab, der genannte James Watt, meine Vollstrecker,
Verwalter und Bevollmächtigten während einer bestimmten Reihe von Jahren meine 'Neu
erfundene Methode der Verminderung des Verbrauches von Dampf und Brennstoff in
Feuermaschinen' zu benutzen, auszuüben und zu verkaufen befugt bin, und zwar überall in
demjenigen Teile des Königreiches Großbritannien, welches England genannt wird, in der
Herrschaft Wales, in der Stadt Berwick am Tweed und ferner in Seiner Majestät Kolonien und
Ansiedlungen, und ich, der erwähnte James Watt, in dem erwähnten Patentbriefe verpflichtet
werde, unter Unterschrift und Siegel eine eingehende Beschreibung des Wesens meiner
Erfindung zu geben, welche in Seiner Majestät Hoher Hofkanzlei eingetragen werden soll,
innerhalb vier Monate nach dem Datum des erwähnten Briefpatentes:

So wisset nun, dass in Erfüllung der genannten Verpflichtung und Festsetzung ich, der
erwähnte James Watt, erkläre, dass das Folgende eine eingehende Beschreibung meiner in
Rede stehenden Erfindung und der Art und Weise, in welcher dieselbe zur Ausführung
gelangt ist,

(das will sagen): -

Mein Verfahren der Verminderung des Verbrauches an Dampf und, hierdurch bedingt, des
Brennstoffes in Feuermaschinen setzt sich aus folgenden Prinzipien zusammen:

Erstens, das Gefäß, in welchem die Kräfte des Dampfes zum Antrieb der Maschine Anwendung finden sollen, welches bei gewöhnlichen Feuermaschinen Dampfzylinder genannt wird und welches ich Dampfgefäß nenne, muss während der ganzen Zeit, wo die Maschine arbeitet, so heiß erhalten werden, als der Dampf bei seinem Eintritte ist, und zwar erstens dadurch, dass man das Gefäß mit einem Mantel aus Holz oder einem anderen die Wärme schlecht leitenden Material umgibt, dass man dasselbe zweitens mit Dampf oder anderweitigen erhitzten Körpern umgibt und dass man drittens darauf achtet, dass weder Wasser noch ein anderer Körper von niedriger Wärme als der Dampf in das Gefäß eintritt oder dasselbe berührt.

Zweitens muss der Dampf bei solchen Maschinen, welche ganz oder teilweise mit Kondensation arbeiten, in Gefäßen zur Kondensation gebracht werden, welche von den Dampfgefäßen oder –zylindern getrennt sind und nur von Zeit zu Zeit mit diesen in Verbindung stehen. Diese Gefäße nenne ich Kondensatoren, und es sollen dieselben, während die Maschinen arbeiten, durch Anwendung von Wasser oder anderer kalter Körper mindestens so kühl erhalten werden als die die Maschine umgebende Luft.

Drittens sobald Luft oder andere durch die Kälte des Kondensators nicht kondensierte elastische Dämpfe den Gang der Maschine stören, so sind dieselben mittels Pumpen, welche durch die Maschine selbst betrieben werden, oder auf andere Weise aus den Dampfgefäßen oder Kondensatoren zu entfernen.

Viertens beabsichtige ich in vielen Fällen, die Expansionskraft des Dampfes zum Antrieb der Kolben oder was an deren Stelle angewendet wird, zu gebrauchen, in derselben Weise, wie der Druck der Atmosphäre jetzt bei gewöhnlichen Feuermaschinen benutzt wird. In Fällen, wo kaltes Wasser nicht in Fülle vorhanden ist, können die Maschinen durch diese Dampfkraft allein betrieben werden, indem man den Dampf, nachdem er seine Arbeit getan hat (after it has done ist office), in die freie Luft austreten lässt.

Fünftens, wo Bewegungen um eine Achse verlangt werden, stelle ich die Dampfgefäße in Form von hohlen Ringen oder kreisförmigen Kanälen her, mit besonderen Ein- und Auslässen für den Dampf, und montiere dieselben auf horizontalen Achsen wie die Räder der Wassermühlen. In denselben ist eine Anzahl von Ventilen angebracht, welche einem Körper nur in einer Richtung durch den Kanal umzulaufen gestatten. In diesen Dampfgefäßen sind Gewichte angebracht, welche die Kanäle zum Teil ausfüllen und durch die noch anzugebenden Mittel in denselben bewegt werden. Wenn der Dampf in diese Maschinen zwischen jene Gewichte und die Ventile eingelassen wird, so drückt er gegen beide gleichmäßig, so zwar, dass er das Gewicht nach der einen Seite des Rades hebt und infolge der gegen die Ventile wirkenden Reaktion das Rad in Drehung versetzt, wobei die Ventile sich in derjenigen Richtung öffnen, in welcher die Gewichte Druck empfangen, aber nicht in der entgegengesetzten. Währenddem, das das Dampfgefäß sich dreht, wird es mit Dampf vom Kessel aus gespeist, und derjenige Dampf, welcher seine Arbeit geleistet hat, kann entweder durch Kondensation niedergeschlagen oder in die freie Luft entlassen werden.

Sechstens will ich in einigen Fällen einen gewissen Grad von Kälte anwenden, welcher den Dampf allerdings nicht in Wasser zu verwandeln, wohl aber beträchtlich zu verdichten vermag, so dass die Maschinen abwechselnd mit Expansion und Kontraktion des Dampfes arbeiten.

Endlich wende ich zur dampf- und luftdichten Dichtung des Kolbens oder anderer Maschinenteile an Stelle von Wasser Öle, harzige Körper, Tierfett, Quecksilber und andere Metalle im flüssigen Zustande an.

Zur Bezeugung dessen habe ich am heutigen Tage, am fünfundzwanzigsten April, im Jahre unseres Herrn, Eintausendsiebenhundertundneunundsechzig, meinen Namenszug und mein Siegel hierunter gesetzt.

James Watt. (L. S.)

Gesiegelt und ausgehändigt in Gegenwart von

Coll. Wilkie,
Geo. Jardine,
John Roebuck.

Es sei noch bemerkt, dass besagter James Watt erklärt, dass sich nichts von dem im vierten Absatz Enthaltenen auf Maschinen bezieht, bei denen das zu hebende Wasser in das Dampfgefäß selbst eintritt oder in ein Gefäß, welches mit jenem in offener Verbindung steht.

James Watt (L. S.)

Zeugen:

Coll. Wilkie.
Geo. Jardine.

Und sei bekanntgegeben, dass der vorgenannte James Watt am fünfundzwanzigsten Tage des Aprils im Jahre unseres Herrn 1769 sich in der Kanzlei unseres Königlichen Herrn einfand und die vorstehende Beschreibung nebst allem dem in derselben Enthaltenen und Beschriebenen in der oben niedergeschriebenen Weise anerkannte. Und so wird die vorstehende Beschreibung gemäß der Verordnung aus dem sechsten Jahre der Regierung des verstorbenen Königs und der Königin William und Mary von England usw. gestempelt.

Eingetragen am neunundzwanzigsten April im Jahre unseres Herrn Eintausendsiebenhundertundneunundsechzig."

London:
Gedruckt von George Edward Eyre und William Spottiswoode,
Printers zu der hervorragendsten Majestät der Königin. 1855.

Zeittafel zur Luft-, Wasser- und Dampfnutzung von um die Zeitenwende bis etwa 1900.

um 250 AC	Archimedes (um 287 AC–212 AC) soll einer der Ersten sein, der den Wasserdampf praktisch nutzte, nach Leonardo da Vinci für eine Dampfkanone (Kugelschleuder).
um die Zw.	verschiedene Erfinder Dampfkugel (Aeolipile) u.a. kleine Mechanismen, Spielzeug und Zauberapparate, die den Luft-, Wasser- oder Dampfdruck ausnutzen – Kessel, Zylinder, Kolben, Ventile, Hähne und Zahnräder sind bekannt.
AD	Der griechische Mathematiker und Ingenieur Heron von Alexandria (10 AD–nach 62 AD bzw. um 70 AD) beschäftigte sich teilweise sogar schon mit programmierbaren Geräten und zur Ausnutzung von Wasser, Luft und Hitze als treibende Kraft, u.a. Heronsball (auch Aeolipile, Äolipile, Aeolsball, Äolsball), Heronsbrunnen.
um 1500	verschiedene Erfinder Dampfgebläse, Püstriche (oder Peuster, Dampfbläser, Feueranbläser [oder Aeolipile, Aeolipilae].
1519	Der italienische Gelehrte, Ingenieur, Baumeister Leonardo da Vinci (1452-1519) schuf einen Zylinderentwurf für eine Kolbenbewegung mittels Dampfkraft.
1551	Der osmanische Universalgelehrte Taqi al-Din (1526-1585) beschreibt eine einfache Impuls-Dampfturbine und komplexe Kolbenpumpe mit sechs Zylindern, Gegengewichten und Rückschlagventilen.
1606	Der neapolitanische Arzt und Universalgelehrte Giambattista Della Porta (1535-1615) schafft Apparat zur Wasserdampfmessung, erwähnt zuerst ein Wassertrommel-Gebläse zur Erzeugung eines kontinuierlichen Luftstrahles für eine Schmiedeesse.
Anf. 17. Jh.	Der französische Physiker und Ingenieur Salomon de Caus (1576-1626) sowie der englische Edward Somerset, Second Marquis of Worcester (1601-1667) u.a. nehmen Versuche vor, aus der Dampfkugel eine Dampfmaschine zu entwickeln.
1629	Der italienische Ingenieur und Architekt Giovanni Branca (1571-1645) beschrieb und nutzte als erster im Abendland die Dampf- und Warmluftturbine als Schaufelrad.
1640/44	Der italienische Physiker und Mathematiker Evangelista Torricelli (1608-1647) stellt das Torricellische Ausflussgesetz auf, entdeckt mittels seines Barometers die Torricellische Leere und die Existenz und Wirkung des Luftdruckes.
1649	Der deutsche Politiker, Jurist, Bürgermeister von Magdeburg, Physiker und Erfinder Otto von Guericke (1602-1686) erfindet Kolbenvakuum-Luftpumpe.
1661	Der irische Naturforscher Robert Boyle (1626-1691) entdeckte das nach ihm benannte Gesetz zum Zusammenhang zwischen Druck und Volumen eines Gases.
1661	Otto von Guericke baut erste atmosphärische Kolbenmaschine, ohne prakt. Nutzen.
1673	Der niederländische Astronom, Mathematiker und Physiker Christiaan Huygens (1629-1695) nutzt die Explosion des Pulvers zur Erzeugung eines luftleeren Raumes in atmosphärischen Kolbenpulvermaschinen.
um 1680	Der engl. Gelehrte, Ing., Math. Samuel Morland (1625-1695), der Leiter des Londoner Wasserwerkes, erkannte die Wirkung des Dampfdruckes im Zylinder mit Kolben 1681 Der franz. Physiker, Mathematiker, Erfinder Denis Papin (1647– verm. 1712) schuf Dampfkochtopf mit Sicherheitsventil, leistet Pionierarbeit für die Dampfmaschine.

1690	Denis Papin entwickelt eine erste atmosphärische Feuermaschine mit Zylinder und Kolben und leitet damit das Zeitalter der Dampfmaschinentechnik ein.
1698	Der englische Ingenieur und Erfinder Thomas Savery (1650-1715) baut kolbenlose kombinierte Saug- und Druckpumpe, die die Dampfkraft abwechselnd indirekt und direkt zum Wasserheben ausnutzte, mit abgesondertem Dampfkessel.
1706	Papin ein in Deutschland lebender Franzose baut direkt wirkende Dampfdruckkolben-pumpe (ohne Kondensation) mit gesondertem Dampfkessel, eine Versuchsmaschine.
1711/12	Der englische Schmied und Erfinder Thomas Newcomen (1663-1729) konstruiert die erste verwendbare atmosphärische Kolbendampfmaschine zum Wasserheben mit gesondertem Dampfkessel und Einspritzkondensation (Wirkungsgrad η > 1%).
1718	Der englische Ingenieur und Landvermesser Henry Beighton (1687-1743) erarbeitete einen Steuerbaum (für Dampfmaschinen).
1757	James Watt (1736-1819) erhält Stelle als Instrumentenmacher an der Uni Glasgow.
1763/66	Der Wärmetechniker und Erfinder Iwan Iwanowitsch Polsunow (1728-1766) erfand erste zweizylindrige atmosphärische Kolbendampfmaschine für Gebläseantrieb in Russland.
1763	Watt soll i.A. Uni Glasgow Labormodell der Newcomen Dampfpumpe verbessern.
1765	Der schottische Erfinder Watt schafft erstes Dampfmaschinenmodell mit Kondensator.
1768/69	James Watt wird die einfach wirkende Niederdruck-Dampfmaschine mit gesondertem Kondensator patentiert. Er nutzt erstmalig den Dampf unmittelbar zum Antrieb. Der Übergang zur direkten Ausnutzung der Dampfkraft beginnt. Watts einflussreichste Erfindung brachte eine Verbesserung des Wirkungsgrades von Dampfmaschinen von 0,3/0,5 [bei Newcomen 1712 auf 0,3, das Sechsfache bei Watt) durch Verlagerung des Kondensationsprozesses aus dem Zylinder in einen separaten Kondensator. Der Erfinder selbst hielt das von ihm entworfene Gestänge, das Wattsche Parallelogramm, für seine größte Erfindung.
1769	Der französische Artillerieoffizier und Erfinder Nicolas Joseph Cugnot (1725–1804) baut und erprobt ersten Straßen-Dampfwagen.
1775	Boulten & Watt - erste Dampfmaschinenfabrik der Welt entsteht, um Watts Dampfmaschine 120 Jahre lang weltweit während der IR zu bauen und zu vertreiben.
1775	Der englische Ingenieur und Unternehmer John (Iron Mad) Wilkinson (1728-1808) baut Bohrmaschine für Watts Dampfmaschinenzylinder.
1776	Erste Wattsche Maschine arbeitet als Gebläseantrieb in der Wilkinson-Eisenhütte.
nach 1776	Erfolgreiche Einführung der einfachwirkenden Kolbendampfmaschine von James Watt als Pump- und Wasserhebemaschine beginnt.
um 1781	Durch die Erfindung des Dampfkessels durch Denis Papin 1690 und Thomas Newcomen 1712 und der doppelt wirkenden Industriedampfmaschine durch James Watt zwischen 1782 bis 1784 war die industrielle Revolution ausgelöst worden.

1781/84	James Watt Kurbel- und Planetenradgetriebe, Parallelogramm, Expansionsmaschine.
1784	James Watt doppelt wirkende und universell einsetzbare Kolbendampfmaschine mit Drehbewegung als wird allgemeine Antriebsmaschine für die maschinellen Großproduktion patentiert.
1785	Bei Hettstedt im Mansfeldischen wird für den König Friedrich-Schacht der Grube „Preußische Hohheit" die erste in Deutschland gebaute einfach wirkende Niederdruck-Kolbendampfmaschine Wattscher Bauart als Pumpenmaschine in Betrieb genommen.
Ende der 80 Jahre	Watts Schüler und Mitarbeiter, der schottische Ingenieur und Erfinder, William Murdoch, gelegentlich Murdock (1754-1839), baut das Modell eines Lokomobils.
1790	Der britische Erfinder, Ingenieur und Maschinenbauer Richard Trevithick (1771-1833) beschäftigte sich mit dem Bau und der Modifizierung von Dampfmaschinen.
nach 1800	Richard Trevithick und der US-amerikanische Ingenieur und Unternehmer Oliver Evans (1755-1819) entwickeln die Hochdruckdampfmaschine.
1800	Die erste doppeltwirkende Niederdruck-Kolbendampfmaschine mit Drehbewegung wird in Deutschland in der Berliner Porzellan-Manufaktur in Betrieb genommen.
1803	Der britische Ingenieur, Erfinder und Maschinenbauer Richard Trevithick (1771-1833) erhält ein Patent auf die „Konstruktion von Dampfmaschinen, ihre Anwendung zum von Wagen und zu anderen Zwecken".
1804	Richard Trevithick setzt die erste Eisenbahn-Lokomotive (Schienenlokomotive) der Welt am 21. Februar 1804 auf einer Plattenspurbahn in Bewegung.
1804	Der US-amerikanische Ingenieur und Mechaniker Robert Fulton (1765-1815) baut das erste Dampfschiff und erprobt es auf der Seine bei Paris.
1807	Der von Robert Fulton gebaute Raddampfer „North River Steamboat", auch bekannt als „Clermont", bewältigte am 7. Oktober 1807 erstmals die 240 km lange Strecke von New York nach Albany (US-BS NY) in 32 Stunden und einer modifizierten Version der von James Watt entwickelten und von Boulten & Watt gebauten und gelieferten Dampfmaschine basierend, erreichte das Schiff eine Geschwindigkeit von 4,5 Knoten (8,3 km/h) und wurde danach im Liniendienst zwischen New York und Albany, als erstes kommerziell genutztes Dampfschiff der Welt, eingesetzt.
1809	Robert Fulton ließ am 11. Februar 1809 einen modifizierten Entwurf des ersten, vom Franzosen Claude-François-Gabriel-Dorothée Jouffroy d'Abbans (1751-1832) im Jahre 1783 gebauten Dampfschiffes patentieren.
1811	Der schottische Ingenieur Henry Bell (1767-1830) lässt das Dampfschiff „PS Comet" auf dem Clyde vom Stapel laufen und führte später den ersten erfolgreichen Passagier-Dampferfährdienst in Europa zwischen Glasgow und Greenock ein.
1814	Robert Fulton stellte mit der Demologos, die USS Fulton (auch Fulton the First oder U.S. Steam Battery Fulton - Schwimmende Batterie - genannt), das erste mit Dampf betriebene Kriegsschiff vor. Auf der Jungfernfahrt von 53 Seemeilen im Juli 1815 erzielte sie eine Geschwindigkeit von 6,35 Knoten.

- 13 -

| 1815, 1817 | Der tschechische Mechaniker, Erfinder und Konstrukteur Josef Božek (1782-1835) baut ein Dampferautomobil und eine Dampfmaschine sowie ein Dampfschiff. |

1819 Mit der vom Captain Moses Roger (1779-1821 vom US-amerikanischen Segelschiff zum ersten Ozeandampfer umgebauten „Savannah" unternimmt er vom 22. Mai bis 20. Juni die erste Atlantiküberquerung von Charleston nach Liverpool.

1824 Der französische Physiker und Ingenieur Sadi Carnot (1796-1832) begründete mit seiner theoretischen Betrachtung der Dampfmaschine (Carnot-Prozess) die Wissenschaft der Thermodynamik.

1829 Der englische Ingenieur und Hauptbegründer des Eisenbahnwesens Georg Stephenson (1781-1848) baut die Dampflokomotive „Rocket".

1835 Die Eröffnung der ersten deutschen Eisenbahnlinie von Nürnberg nach Führt erfolgt.

1839 Der schottische Ingenieur James Nasmyth (1808-1890) erfindet den Dampfhammer.

1840 Der deutsche Arzt und physiologisch forschende Mediziner Julius Robert von Mayer (1814-1878) erkannte das Prinzip der Energieerhaltung.

1842 Julius Robert von Mayer formuliert das Mechanische Wärmeäquivalent.

1845 Robert von Mayer stellt den ersten Hauptsatz der Wärmelehre(Thermodynamik) auf.

1851 Der französische Ingenieur und Luftfahrtpionier Baptiste Henri Jacques Giffard (1825 -1882) meldet ein Patent auf die Anwendung des Dampfes in der Luftschifffahrt an, baut zusammen mit zwei Jungingenieuren ein zigarrenförmiges Luftschiff mit einer Länge von 44 m und einem Durchmesser von 12 m, das 2500 m³ Gas fasste, das angetrieben war von einer 45 kg schweren und 3 PS leistenden Dampfmaschine. Es hob am 24. September 1852 erstmals ab und flog 27,5 km von Paris bis Trappes mit einer Geschwindigkeit von acht km/h und gilt als der erste bemannte motorisierte Flug der Geschichte. Er entwickelt auch eine revolutionierende Dampfstrahlpumpe.

1862 Der französische Eisenbahn-Ingenieur und Erfinder Alphonse Eugène Beau, später Alphonse Beau de Rochas (1815-1893), beschäftigt sich im Wesentlichen mit der Verbesserung der Wärmeausnutzung bei Dampfmaschinen und Lokomotiven.

1881 Der deutsche Erfinder, Industrielle sowie Wegbereiter für die zweite Industrielle Revolution Werner von Siemens (1816-1892) schafft die Verbindung von Dampfmaschine und Elektrogenerator.

1883 Der schwedische Ingenieur und Erfinder Carl Gustaf Patrik de Laval (1845-1913) baut eine Dampfturbine mit 40.000 Umdrehungen pro Minute.

1892 Der deutsche Ingenieur und Erfinder Wilhelm Schmidt (1858-1924) entwickelt mit Hilfe des Dampfüberhitzers die Heißdampfmaschine.

Wie aus der Zeittafel ersichtlich, ist seit um die Zeitenwende bekannt, dass Dampf Arbeit leisten kann. Dazu vermittelt sie, diese Kraft nutzbar zu machen, war sehr problematisch, denn bis ins letzte Drittel des 18. Jahrhunderts gelang kein Erfindern kein vertretbares Aufwand-Nutzen-Verhältnis zu erreichen. Die entscheidende Erfindung dafür machte 1769 James Watt mit seinen Dampfmaschinen N° 913. Er baute besonders auf folgend dargestellten, kurz beschriebenen Neuerungen zur Dampfnutzung auf.

• Wagenbreth, O.; Düntzsch, H.; Gieseler, A. (2002): Die Geschichte der Dampfmaschine. Historische Entwicklung, Industriegeschichte, Technische Denkmale. MS: • Friedt, H. (1964): Zur Geschichte der Dampfmaschine: Klassen 8-12. B: Volk und Wissen. • Sittauer, H. J. (1989): James Watt. Biographien hervorragender Naturwissenschaftler, Techniker und Mediziner. Bd. 53. L: Teubner Verlagsgesellschaft. • Matschoss, C. (2013): Gesch. der Dampfmaschine. HH: Servus. Wikipedia Biographien der aufgeführten Gelehrten und Erfinder.

Wie aus der folgenden Grafik und zuvor aus der Zeittafel zu ersehen ist, war James Watt nicht der erste, der sich mit der Umwandlung von Dampf in Leistung beschäftigte. Nennenswert sind der 1606 von Giambattista Della Porta geschaffene Apparat zur Wasserdampfmessung, der 1690 von Denis Papin geschaffene erste Prototyp einer einfachen atmosphärischen Dampfmaschine, die basierend auf Kolben und Zylinder funktionierte, eine 1698 von Thomas Savery erfundene dampfbetriebene Vorrichtung und eine 1706 von Denis Papins gebaute Dampfdruck-Kolbenpumpe. Sie waren alle erste Bemühungen, Dampfmaschinen zu bauen, um mit Feuer Wasser zu heben. Insbesondere die Entwicklungen des Dampfdruckapparates sowie die atmosphärische Kolbenmaschine waren Grundlagen für eine erste praxistaugliche Dampfmaschine. Das Prinzip für eine solche Maschine verbesserte 1712 Thomas Newcomen und entwickelte die erste atmosphärische Dampfmaschine für den praktischen Betrieb. Ihr η lag bei 0,5 % und bei ihm leistete die Arbeit, der Hub des Pumpengestänges, nicht der Dampf, sondern der Luftdruck. Folgend 1769 präsentierte James Watt die Erfindung und Patentierung der einfach wirkenden, nahezu universell einsetzbare Dampfmaschine. Ihren Anfang nahm diese in einer Mechanikerwerkstatt der Universität Glasgow, wo er sich seit 1759 mit der Nutzung der Dampfkraft beschäftigte und erkannte, dass die Kondensation des Dampfes im Zylinder zu großen Energieverlusten führte. Seine Erkenntnis brachte Watts wesentlichste Erfindung, den Kondensator. Seine Maschine hatte einen Wirkungsgrad η, der bei 3 % lag. Dazu erfand Watt zwischen 1782/4 auch die doppelt wirkende Niederdruckdampfmaschine verbunden mit der Umsetzung der Kolbenbewegung in eine drehende Bewegung.

Ausgewählte Bilder zu den Voraussetzungen und erste Versuche für Feuermaschinen.

Dampfdruck-apparat	Atmosphärische Kolbenmaschine	Dampfdrückpumpe	Dampfdruck-Kolbenpumpe	Atmosphärische Kolben-dampfmaschine	Dampfmaschine
Giambattista della Porta um 1600	Denis Papin 1690	Thomas Savery 1698	Denis Papin 1706	Thomas Newcomen 1712	James Watt 1769
Dampf drückt auf Flüssigkeits-oberfläche	Kessel, Zylinder, Kondensator kombiniert Luftdruck wirkt	Dampf drückt auf Flüssigkeits-oberfläche, ohne Kolben, Druckleitung, Rückschlagventile, Kessel getrennt von Pumpe	Dampf drückt auf freischwimmenden Kolben, Kessel getrennt von Pumpe	Luftdruck wirkt, Kessel getrennt von Arbeitsmaschine	Dampfdruck wirkt, Kessel, Zylinder und Kondensator voneinander getrennt

Ausgewählte Stationen zu den Voraussetzungen und erste Versuche für Feuermaschinen

Ausgewählte Funktionsskizzen zu James Watts Dampfmaschinen.

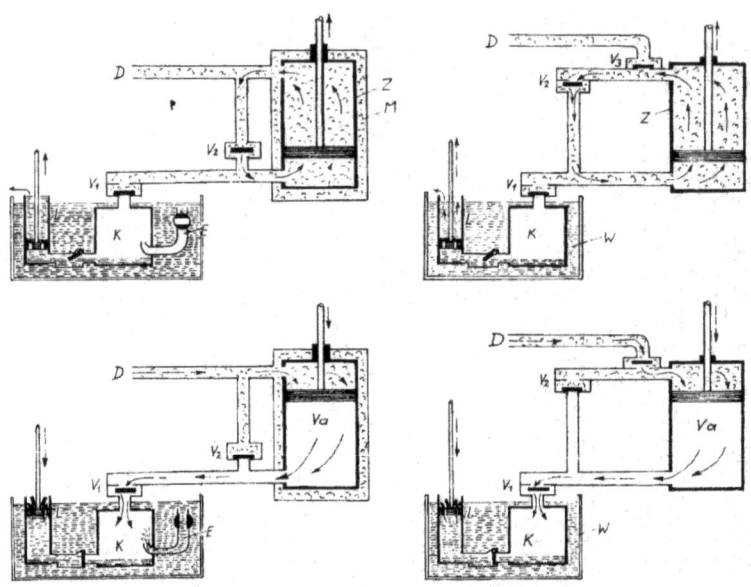

Watts einfachwirkende Dampfmaschine (Funktionsskizzen)

Links: Von 1776 mit 2 Ventilen, Dampfmantel und Einspritzkondensation. *Rechts:* Ab etwa 1780 mit 3 Ventilen und Oberflächenkondensation. Z Zylinder, Va relatives Vakuum, M Dampfmantel, D Frischdampfleitung, K Kondensator, E Kaltwasser-Einspritzdüse, L Luftpumpe, K, E und L im Wasserkasten, V_1 Kondensatorventil, V_2 Ausgleichsventil, V_3 Frischdampfventil. Oben: Aufwärtsgang des Kolbens. Unten: Abwärtsgang des Kolbens; Kaltwasserpumpe (zur Ergänzung des Wassers im Wasserkasten) nicht mit gezeichnet
Bild 18 aus Wagenbreth, O. et al., S.27 (s.u.).

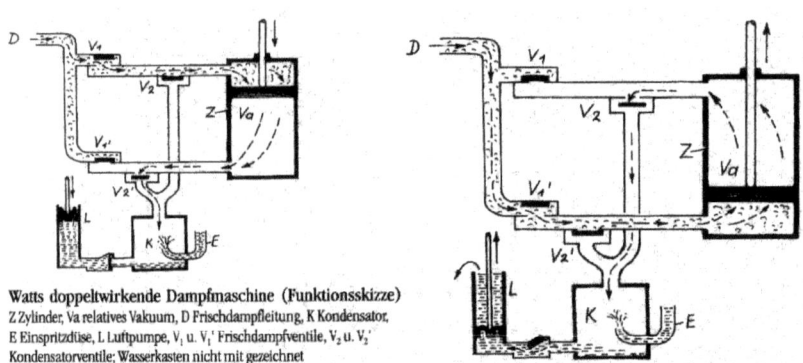

Watts doppeltwirkende Dampfmaschine (Funktionsskizze)

Z Zylinder, Va relatives Vakuum, D Frischdampfleitung, K Kondensator,
E Einspritzdüse, L Luftpumpe, V_1 u. V_1' Frischdampfventile, V_2 u. V_2'
Kondensatorventile; Wasserkasten nicht mit gezeichnet
Bild 19 aus Wagenbreth, O. et al., S. 27 (s.u.).

Die Bilder 18 und 19 aus Wagenbreth, O.; Düntzsch, H.; Gieseler, A. (2001): Die Geschichte der Dampfmaschine. Historische Entwicklung – Industriegeschichte – Technische Denkmale. 4.3. Die Dampfmaschine von James Watt, S. 27. MS: Aschendorff –Verlag.

Auswahl der recherchierten Literatur.

- Matschoss, C. (1901): Geschichte der Dampfmaschine: ihre kulturelle Bedeutung, technische Entwicklung und ihre großen Männer. Kapitel 3. Die Watt'sche Dampfmaschine. S. 57/86. B: Julius Springer.
- Matschoss, C. (2013): Geschichte der Dampfmaschine. Ihre kulturelle Bedeutung, technische Entwicklung und ihre großen Männer. Kapitel 3. S. 57/86. HH: Servus Verlag. Nachdruck der Originalausgabe von 1901.
- MKL. Autorenkollektiv (1885): Dampfmaschine. 4. Bd. Vierte Auflage. S. 460 ff. L & Wien: BI.
- MKL Autorenkollektiv (1888): James Watt. 16. Bd. Vierte Auflage. S. 442 ff. L & Wien: BI.
- Hering, K. (1907): Das 200jährige Jubiläum der Dampfmaschine: 1706-1906; eine historisch-wissenschaftliche Betrachtung von Kurt Hering. L: Teubner.
- Matschoss, C. (1908): Die Entwicklung der Dampfmaschine. 1. & 2. Band. B: Verlag von Julius Springer.
- James Watt. Autor: [s.n.] James Watt. Zu seinem 200. Geburtstag am 19. Januar 1936. Zürcher Illustrierte 12(1936), Nr. 5, S. 142.
- Geitel, M. (1913): Die Geschichte der Dampfmaschine bis James Watt. Voigtländers Quellenbücher. L: 49(1913), S. 18/9. http://www.hellenicaworld.com/Germany/Literature/MaxGeitel/de/DieGeschichteDerDampfmaschineJ W.html. Aufgerufen am 15. Oktober 2018.
- James Watt. Zu seinem 200. Geburtstag, 19. Januar 1936. Die Berner Woche: 26(1936), Nr. 4, S. 68.
- Matschoss, C. (1937): Große Ingenieure; Lebensbeschreibungen aus der Geschichte der Technik. James Watt und die Entstehung der Dampfmaschine. Vorläufer und Mitarbeiter, die Männer der Dampfmaschine: Denis Papin, Thomas Savery, Thomas Newcomen, John Smeaton, Roebuck, Matthew Boulton, William Murdock. Seiten 81/103. M/B: J. F. Lehmann Verlag.
- Matschoss, C. (1954): Große Ingenieure; Lebensbeschreibungen aus der Geschichte der Technik. James Watt und die Entstehung der Dampfmaschine. Vorläufer und Mitarbeiter, die Männer der Dampfmaschine: Denis Papin, Thomas Savery, Thomas Newcomen, John Smeaton, Roebuck, Matthew Boulton, William Murdock. S. 68/88; 4. verbesserte Aufl. bearbeitet v. Friedrich Hassler, VDI. M: J. F. Lehmann Verlag.
- Friedt, H. (1964): Zur Geschichte der Dampfmaschine : Klassen 8/12. B: Volk und Wissen.
- Kraemer, H. (1984): Welt der Technik im XIX. Jahrhundert. Klassiker der Technik. Düsseldorf: VDI-Verlag. Erstmalige, einbändige Faksimile-Ausgabe aus dem dreibändigen Sammelwerk: Das neunzehnte Jahrhundert in Wort und Bild (1898/1902). Watt, J. im Kapitel X Technik und Industrie 1805/1812, S. 211/28; S. 211 Bild: Watt-Dampfmaschine, S. 216/18, S. 220 und S. 224, im Kapitel XI Industrie und Verkehrswesen 1821/1840, S. 229/46; S. 233 und S. 245.
- Sittauer, H. L. (1989): James Watt. Biographien hervorragender Naturwissenschaftler, Techniker und Mediziner. Bd. 53. 3. Auflage. Leipzig: BSB B. G. Teubner Verlagsgesellschaft.
- Bielfeldt, K. (1997): Die Fundamente unseres Wohlstands. Eine Untersuchung der Wurzeln des industriellen Zeitalters. Berlin: EB-Verlag.
- Wagenbreth, O.; Düntzsch, H.; Gieseler, A. (2001): Die Geschichte der Dampfmaschine. Historische Entwicklung – Industriegeschichte – Technische Denkmale. S 14/32; MS: Aschendorff –Verlag.
- Ben Marsden, B. (2004): Watt's Perfect Engine: Steam and the Age of Invention. New York: Columbia University Press. Watt comes off as less the inventor of the steam, which had been around for quite a while, and more a rational but business-oriented fellow who happened to come up with the seam condenser that made the engine significantly more efficient. Watt's perfekter Motor (Maschine) : Dampf und das Zeitalter der Erfindung (Revolutionen in der Wissenschaft).
- Riesner, J. (2018): Die Entstehung der Dampfmaschine. http://industriegeschichte.webseiten.cc/startseite-industriegeschichte/lexikon/die-geschichte-der-industriellen-revolution/beitrag/die-entstehung-der-dampfmaschine.html.
- Riesner, J.; Och, R. (2018): Die Verzahnungsmesstechnik im Wandel der Zeit. Historie, Gegenwart, Zukunft. Seite 59 ff. Altdorf bei N: FRENCO GmbH. Eigenverlag.
- Daten der Weltgeschichte, https://www.wissen.de/dampfmaschine-von-james-watts-1768.
- James Watt – Ehrungen. https://en.wikipedia.org/wiki/James_Watt (Ehrungen)
- Statue of James in Westminster Abbey. https://www.westminster-abbey.org/de/abbey-commemorations/commemorations/james-watt/.
- James Watt - Ein schottischer Erfinder und Maschinenbauer. http://www.medienwerkstatt-online.de/lws_wissen/vorlagen/showcard.php?id=15515.
- Die Dampfmaschine. http://niederanven.ecole.lu/home/Georges_3_00_01/seiten/klasse/die_dampfmaschine_geschichte.htm.
- Dampfmaschine mit separatem Kondensator – Erfinder: 1769 James Watt. http://www.eine-frage-der-technik.de/1769-1774.htm.

Die wichtigsten verwendeten Abkürzungen.

AC	lat. ante Christum [dt.: vor Christus, Christo]
AD	lat. anno Domini [dt.: n. Chr., im Jahr des Herrn, nach Christus]
B	Berlin
b.	bei, bis
Bd.	Band
BI	Bibliographisches Institut
BSB	Bayrische Staatsbibliothek
D	Düsseldorf
Dr.	Doktor
Dr. rer. nat.	lat. Dr. rerum naturalium [dt.: Doktor der Naturwissenschaften]
Dr. sc. techn.	lat. Dr. scientiae technicarum [dt.: Doktor der technischen Wissenschaften]
dt.	deutsch
EC	elektrochemisch(e)
ECM	Elektrochemische Metallbearbeitung
et al.	lat. et alii (Maskulinum) bzw. et aliae (Femininum) [dt.: und andere]
ff.	folgende
GmbH	Gesellschaft mit beschränkter Haftung
HH	Hansestadt Hamburg
h	Stunde
IR	Industrielle Revolution (auch industrielle Revolution)
i.A.	im Auftrag
Jh., Jhs.	Jahrhundert, Jahrhunderts
Jt.	Jahrtausend
kg	Kilogramm
km	Kilometer
km/h	Kilometer pro Stunde
L	Leipzig
L.S.	lat. loco sigilli oder auch Locus sigilli [dt.: Ort des Siegels]
ML	Meyers Lexikon
MKL	Meyers Konversations Lexikon
Mk	Metallkunde
MS	Münster
m	Meter
m^3	Kubikmeter
mm	Millimeter
N	Nürnberg
Nr., N°	Nummer
NY	New York
Prof.	Professor
PS	Pferdestärke, veraltete Einheit der Leistung;
S.	Seite,
s.	siehe
s.n.	lat. sine nomine [dt.: ohne Namensangabe]
s.u.	siehe unten
SI	SI-Einheit, Internationalen Einheitensystem
TU	Technische Universität
TW	Technikwissenschaft
Uni	Universität
US	Vereinigte Staaten von Amerika (englisch United States, abgekürzt U.S., US)
US-BS	US-Bundesstaat
u.a.	unter anderem
VDI	Verein Deutscher Ingenieure
W	Watt
z.B.	zum Beispiel
η	Wirkungsgrad
%	Prozent

Die Veröffentlichungen des Autors im GRIN-Verlag.

• Adolf Martens – Erinnerungen an den Nestor der Materialprüfungen der Technik.
• Emil Heyn – Adam-Ries-Nachfahre, gewidmet dem Nestor zweier TW Metallkunde und Metallographie.
• Erinnerungen an den 170. Geburtstag von Alexandre Gustave Eiffel und Bau des Eiffelturms vor 115 Jahren.
• Vannoccio Biringuccio und die Pirotechnia – 525. Geburtstag des ersten Autors der Metallurgie.
• Ein Exkurs durch die bedeutendsten Weltausstellungen von 1851-2005 für Fachleute, Interessierte und Laien.
• Die Palmenblattflechterei und das Castell de Capdepera auf Mallorca.
• ECM - Elektrochemische Metallbearbeitung und EC-Kombinationsverfahren - Ein Beitrag zur Technikgeschichte anlässlich des 85. Geburtstag von Herrn Prof. Dr. rer. nat. sc. techn. Hans Wicht.
• Emil Heyn. Nestor der Technikwissenschaften Metallkunde und Metallographie. Ein kurzer Auszug aus der Emil-Heyn-Chronik dem Kolloquium am 6. und 7. Juli 2007 zum 140. Geburtstages.
• Henry Clifton Sorby – Begründer der klassischen Metallographie – Mit einem Abstract über die Bessemer und das Bessemern, einer Sammlung und Anlage von Veröffentlichungen darüber.
• Der Kristallpalast zu London, mit einer Vita zu Joseph Paxton, dem Architekten des Crystal Palace zu London, nebst einem Kurzbericht über die erste Weltausstellung London 1851.
• Beitrag zur Entstehung und Entwicklung des Musicals.
• Johann Bauschinger – Begründer der mechanisch-technischen Versuchsanstalten, mit dem Nachruf von Prof. Adolf Martens u. der Gedenkrede von Prof. Friedrich Kick auf Prof. Johann Bauschinger (1834-1893).
• Kompendium Papier - eine Chronologie mit einem umfangreichen Lexikon zu diesem alltäglichen Werkstoff.
• Der sächsische Lokomotivenkönig. Zum 200. Geburtstag des sächsischen Lokomotivenkönigs und Industriepioniers Richard Hartmann.
• Mikroskop und Mikroskopie - Ein wichtiger Helfer auf vielen Gebieten mit Def., Geschichte, Daten, Literatur.
• Der Kristallpalast von London und sein Architekt Joseph Paxton. Der Glaspalast zu München.
• Geschmiedete blanke Waffen – Symbole der Macht, Kraft und Eleganz. Drahtherstellung.
• Geschichtlicher Abriss zum Prägen von Metallmünzen.
• Die sieben Metalle der Antike. Gold. Silber. Kupfer. Zinn. Blei. Eisen. Quecksilber.
• Geschichtlicher Überblick zur Entwicklung von Bronzeglocken.
• Aluminium - ein Metall mit kurzer Geschichte, aber mit großer Zukunft.
• Henry Clifton Sorby, Adolf Martens, Emil Heyn - Nestoren der Technikwissenschaft Metallographie.
• Geschichtlicher Überblick zur Entwicklung der Metallbearbeitung.
• Erinnerungen an Alexandre Gustave Eiffel und den Bau des Eiffelturms vor 120 Jahren.
• Überblick zur Entwicklung des Waffenhandwerks im Thüringer Wald.
• Ein geschichtlicher Überblick zum Eisen im Erzgebirge. Der Frohnauer Hammer – 570 Jahre Herrenhaus und 350 Jahre Eisenhammer.
• Geschichtlicher Überblick zum Ätzen und Beizen der Nichteisenmetalle wie auch von Eisen und Stahl.
• Henry Clifton Sorby, Adolf Martens, Emil Heyn – Nestoren der Metallographie.
• Historische Betrachtungen zum „König der Metalle" – dem Gold.
• Silber – ein Metall des Altertums und der Gegenwart.
• Bronze.
• Kupfer - Metall der Antike, Gegenwart, Zukunft, Fonds für Technik, Kultur, Kunst.
• Zinn - Metall der Antike, Gegenwart, Zukunft, Werkstoff für Technik, Kultur, Kunst.
• Blei - Metall der Antike, der Gegenwart, mit Zukunft, ein Werkstoff für Technik, Kultur, Kunst.
• Die Alfred-Krupp-Jubiläen 200. Geburtstag und 125. Todestag A man with a vision for iron and steel.
• Es war vor 150 Jahren - Deutschlands Eisenhüttenwesen auf der Überholspur. Punktuelle Erinnerungen an die zweite Londoner Weltausstellung vom 01. Mai bis 01. November 1862.
• Über das Eisen, die Eisenmineralien und Eisenerzminen auf der Insel Elba.
• Eisen. Ein Metall der Antike, Gegenwart, Zukunft und ein Werkstoff für Technik, Kultur, Kunst.
• Quecksilber. Metall der Antike - Vom Nervewürt des Altertums bis hin zum Material der Moderne.
• Brücken in der Technikgeschichte. The Iron Bridge. The Golden Gate Bridge und mehr [...].
• Gediegene Metalle als Mineralien und Elemente.
• Rekorde, Höchstleistungen und Bestwerte ausgewählter Gebiete.
• Erlebnisbericht über das Ende des Zweiten Weltkrieges.
• Beiträge zur Technikgeschichte und über Persönlichkeiten technikwissenschaftlicher Disziplinen.
• Kurzgefasstes zum Bergbau, Montan- und Hüttenwesen, zur Bergmannssprache, montanen Kulturlandschaft Erzgebirge/Krušnohoři und mehr.
• Zum 150. Geburtstag von F. E. Heyn. Biographische Skizze, Auswahl seiner Beiträge ü. Mk & Metallografie.
• Der Eiffelturm, Alexandre Gustave Eiffel und die 72 am Tour Eiffel geehrten Persönlichkeiten.

Abstract.

Mit der Veröffentlichung zum Thema „250. Jahrestag von Watt's Dampfmaschinenpatent" möchte der Autor an die Entwicklung der Dampfmachine, besonders an die Pionierleistungen von James Watt zur Erfindung und Patentierung seiner einfach wirkenden Dampfmaschine wie auch Watts doppelt wirkenden Dampfmaschine, erinnern. Aus einer erarbeiteten Zeittafel zur Luft-, Wasser- und Dampfnutzung von um die Zeitenwende bis etwa 1900 und Bildern zu ersten Feuermaschinen von Giambattista Della Porta, Denis Papin, Thomas Savery, Thomas Newcomen, James Watt, nebst Funktionsskizzen zu seinen Maschinen, soll die Sicht auf das von Watt Geleistete erweitert werden. Aufgezeigt wird auch, dass die Dampfmaschinen des 17./18. Jhs. eine mäßige Arbeit leisteten, sie kompliziert und wenig energieeffizient waren und Dampf lohnend nutzbar zu machen, erst Watt mit seinen Dampfmaschinen schaffte und er mit seiner wichtigsten Idee, dem separaten Kondensator dafür sorgte, dass diese Maschinen mit zur entscheidenden Triebkraft der industriellen Revolution wurde.